AF586881

TABLEAU

DE

L'HISTOIRE UNIVERSELLE

AVANT JÉSUS-CHRIST

LYON

IMPRIMERIE DE FÉLIX GIRARD

Rue Saint-Dominique, 13

1868

TABLEAU DE L'HISTOIRE UNIVERSELLE

AVANT JÉSUS-CHRIST.

HISTOIRE SAINTE.

1re ÉPOQUE. — **De la création du monde au déluge.** (Durée, 1655 ans.)

50e siècle. **CRÉATION DU MONDE** (4963) (1). — Adam et Eve.

	Enfants de Dieu.		Enfants des hommes.
PATRIARCHES ANTÉDILUVIENS.	Seth.	Abel.	Caïn.
	Enos.		Hénoch.
	Caïnan.		Irad.
	Malaléel.		Maviaël.
	Jared.		Mathusaël.
	Mathusalem.		Lamech.
	Lamech.		Jabel, Jubal, Tubalcaïn, Noéma.
	Noé.		

2e ÉPOQUE. — **Du déluge à la vocation d'Abraham.** (Durée, environ 1000 ans.)

34e siècle. **DÉLUGE UNIVERSEL** (3308). — Noé sort de l'arche avec ses trois fils : Sem, Cham et Japhet.

30e siècle. Tour de Babel. — Dispersion des hommes.

PATRIARCHES POSTDILUVIENS.

- Sem.
- Arphaxad.
- Salé.
- Héber.
- Phaleg.
- Rébu.
- Sarug.
- Tachor ou Nachor.
- Tharé.
- Abraham.

(1) D'après les Bénédictins. *Art de vérifier les dates.*

3e EPOQUE. — **De la vocation d'Abraham à la sortie d'Egypte.** (Durée, environ 650 ans.)

23e siècle. **VOCATION D'ABRAHAM** (2296). — Ruine de Sodome.

ISAAC.

Esaü. — Jacob. — (Ses fils sont les chefs des douze tribus d'Israël.)

Amalec. — Ruben, Siméon, Lévi, Juda, Zabulon, Issachar, Dan, Gad, Aser, Nephtali, Joseph, Benjamin.

21e siècle. Joseph appelle ses frères en Egypte. — Don qui leur est fait par un des Pharaons de la terre de Gessen. — Les Hébreux y demeurent pendant quatre siècles. — Histoire de Job dans l'Idumée. (Quelques auteurs croient que Job vécut plus tard.)

17e siècle. Persécution des Hébreux en Egypte. — Moïse et Aaron devant Pharaon. — Dix plaies d'Egypte.

4e EPOQUE. — **De la sortie d'Egypte à la royauté.** (Durée, 550 ans.)

17e siècle. Sortie d'Egypte, sous la conduite de Moïse et d'Aaron (1645). — Loi donnée aux Hébreux sur le Sinaï. — Entrée dans la Terre-Promise sous la conduite de Josué (1605). — Prise de Jéricho.

16e siècle. Commencement du gouvernement des Juges, qui dura pendant plus de quatre siècles. — Juges : Othoniel, Aod, Samgar, Barac et Débora ; Gédéon vainqueur des Madianites ; Thola, Jaïr, Jephté vainqueur des Ammonites ; Abésan, Ahialon, Abdon, Samson vainqueur des Philistins ; Héli, Samuel. — Histoire de Ruth.

5e EPOQUE. — **De l'établissement de la royauté à la fin de la captivité de Babylone.** (Durée, 550 ans.)

11e siècle. Etablissement de la royauté (1095). — Saül. — David, roi-prophète, psalmiste.

10e siècle. **SALOMON.** — Dédicace du temple de Jérusalem. — Roboam. — Schisme des dix tribus.

	Royaume de Juda.		Royaume d'Israel.
	Roboam (962).		Jéroboam (962).
	Abia (946).		Nadab (943).
	Asa (944).		Baasa (942).
	Josaphat (904).		Ela (920).
			Zamri (918).
			Amri (918).
		Les prophètes Elie et Elisée.	Achab (907).
9e siècle.	Joram (880).		Ochosias (888).
	Ochosias (877).		Joram (887).
	Athalie (876).		Jéhu (876).
	Joas (870).		Joachas (848).
	Amasias (831).		Joas (832).
	Osias (803).		Jéroboam II (817).
		Les prophètes Osée, Amos.	

	ROYAUME DE JUDA.	ROYAUME D'ISRAEL.
8e siècle	Joathan (752). Achaz (737). Ezéchias (723).	Zacharie (766). Sellum (765). Manahem (765). Phacéia (754). Phacée (753). Osée (726). Destruction du royaume d'Israël par Salmanasar, roi d'Assyrie (718). Les tribus emmenées captives à Ninive.

Les prophètes Isaïe, Jonas, Michée.

7e siècle	Manassé (694). Amon (640). Josias (639). Joachaz (609). Eliacim ou Joachim (608). Prise de Jérusalem par Nabuchodonosor II le Grand, et commencement de la captivité de Babylone (606).	Histoire de Tobie, captif à Ninive. Siége de Béthulie par Holopherne, général de Nabuchodonosor Ier, roi d'Assyrie. Béthulie sauvée par Judith.

Les prophètes Nahum et Sophonie.

6e siècle.	Jéchonias (597). Sédécias (597). Destruction du royaume de Juda par Nabuchodonosor II le Grand, roi de Babylone (587). Ruine de Jérusalem et du temple.	

Les prophètes Jérémie et son disciple Baruch, Ezéchiel, Daniel, Habacuc, Abdias, Joël. — Histoire de Suzanne.

6e ÉPOQUE. — **De la fin de la captivité de Babylone à la naissance de Notre-Seigneur.** (Durée, 536 ans.)

6e siècle. Edit de Cyrus qui met fin à la grande captivité de 70 ans (536). — Retour d'une partie des Juifs, sous la conduite de Zorobabel; ils reconstruisent le temple.

5e siècle. Histoire d'Esther, épouse d'Assuérus, roi de Perse. — Retour du reste des Juifs captifs, sous la conduite d'Esdras et de Néhémie; ils relèvent les murs de Jérusalem. — (Les prophètes Aggée, Zacharie, Malachie.)

4e siècle. Gouvernement des Grands-Prêtres. — Le grand-prêtre Jaddus devant Alexandre (332) (1).

3e siècle. Gouvernement des Grands-Prêtres.

2e siècle. Gouvernement des Grands-Prêtres. — Châtiment d'Héliodore au temple de Jérusalem, sous le grand-prêtre Onias. — Persécution d'Antiochus Epiphane, roi de Syrie, contre les Juifs. — Martyre du vieillard Eléazar, des sept frères Machabées et de leur mère. — Mathathias et ses cinq fils. — Victoires de Judas Machabée, sa mort glorieuse (161). — Commencement des princes asmonéens, descendants de Simon Machabée (133). — Jean Hyrcan, Aristobule Ier, premier roi, Alexandre Jannée, Alexandra, Hyrcan II, Aristobule II, Antigone, détrôné par les Romains.

1er siècle. Hérode le Grand ou l'Ascalonite, Iduméen d'origine, nommé roi par les Romains (40 ans avant Jésus-Christ)

(1) D'après l'historien Josephe.

HISTOIRE PROFANE.

ÉGYPTE.

25e siècle. Fondation du royaume d'Egypte et de la ville de Memphis par **MÉNÈS** ou **MISRAIM**, fils de Cham.

BUSIRIS agrandit Thèbes, la ville aux cent portes.

(L'histoire primitive des Egyptiens nous est presque totalement inconnue.)

21e siècle. Invasion des **HYCSOS**, peuple de pasteurs nomades, qui s'emparent de la Basse et de la Moyenne Egypte, et y dominent près de deux siècles et demi, avec Memphis pour capitale.

C'est vers cette époque que Joseph devient ministre en Egypte, et que la terre de Gessen est donnée à sa famille pour s'y établir.

18e siècle. Expulsion des Hycsos par les rois de l'Egypte méridionale, retirés à Thèbes, et qui redeviennent, avec **THOUTMOSIS**, maîtres de toute l'Egypte.

MOERIS fait creuser le lac de son nom pour remédier aux inondations irrégulières du Nil.

OSYMANDIAS forme la première bibliothèque, avec cette inscription : *Trésor des remèdes de l'âme.*

17e siècle. **SÉSOSTRIS**, le plus célèbre des monarques égyptiens, porte ses armes victorieuses jusqu'au delà du Gange. — Après Sésostris, l'histoire de l'Egypte devient obscure pendant plusieurs siècles.

12e siècle. **CHÉOPS** et **CHÉPHREM**, rois impies et méchants, construisent les deux grandes pyramides, mises au rang des sept merveilles du monde.

10e siècle. **SÉSAC** en guerre avec Roboam, roi de Juda.

8e siècle. Les Ethiopiens asservissent l'Egypte. — **SÉTHOS**, après l'expulsion des Ethiopiens, fait la guerre à Sennachérib, roi d'Assyrie.

7e siècle. Les **DOUZE ROIS** gouvernent ensemble l'Egypte, lassée de plusieurs années d'anarchie. Ces rois construisent, à frais communs, le fameux labyrinthe de Crocodilopolis.

PSAMMÉTICUS, l'un des douze rois, exilé d'abord, triomphe de ses onze collègues et reste seul maître du trône. Le premier il ouvre l'Egypte aux étrangers.

NÉCHAO porte ses armes en Palestine, essaye de joindre la mer Rouge au Nil par un canal et de faire faire le tour de l'Afrique par des navigateurs phéniciens.

6e siècle. **APRIÈS** détrôné par Amasis, un de ses officiers.

AMASIS rend l'Egypte prospère, établit de nombreuses relations avec la Grèce et l'Asie, et reçoit à sa cour Solon et Pythagore ; mais il mécontente les Perses en refusant de payer à leur roi Cambyse le tribut imposé à l'Egypte par Cyrus.

PSAMMÉNIT vaincu et tué par Cambyse, roi de Perse (525).

Destruction du premier royaume d'Egypte (525). — (Durée, 2,000 ans.)

Domination des Perses (525 à 332).

5e siècle. L'Egypte supporte avec peine cette domination étrangère, et se révolte plusieurs fois, pendant le cours du 5e siècle, sous les rois de Perse : Darius, Xerxès et Artaxerxès Longue-Main. Sous le règne de Darius II Nothus, l'Egypte reconquiert même, en partie, son indépendance, qu'Artaxerxès III lui ravit de nouveau.

Domination macédonienne (332 à 323).

4e siècle. **ALEXANDRE LE GRAND**, roi de Macédoine, enlève l'Egypte aux Perses (332), la soumet à sa domination et y jette les fondements d'Alexandrie.

Nouveau royaume d'Egypte (323 à 30).

PTOLÉMÉE SOTER, un des généraux d'Alexandre, se rend indépendant en Egypte, où il commence la dynastie des Lagides (323).

3e siècle. **PTOLÉMÉE PHILADELPHE** fait fleurir les sciences, les lettres et les arts; on lui doit la version des Septante et le phare d'Alexandrie, une des sept merveilles du monde,

PTOLÉMÉE ÉVERGÈTE, le dernier bon prince de sa race.

1er siècle **CLÉOPATRE**, dernière héritière des Ptolémées, vaincue à Actium par Octave (30).

Destruction du nouveau royaume d'Egypte par les Romains. — L'Egypte réduite en province romaine (30 ans avant Jésus-Christ).

ASSYRIE.

Aujourd'hui KOURDISTAN (TURQUIE D'ASIE).

27e siècle. **NEMROD**, fils de Chus et petit-fils de Cham, fonde **BABYLONE**, sur l'Euphrate; le territoire environnant prend le nom de *Babylonie*.

ASSUR, fils de Sem, fonde **NINIVE**, sur le Tigre; le territoire environnant prend le nom d'*Assyrie*.

Ces deux villes et leur territoire forment, pendant l'espace de six à sept siècles, deux Etats séparés et indépendants.

20e siècle. **BÉLUS**, roi de Ninive, s'empare de Babylone et fonde le **PREMIER EMPIRE ASSYRIEN**.

NINUS (1), son fils, épouse **SÉMIRAMIS**. Cette grande reine conduit ses armes victorieuses de l'Ethiopie aux Indes, accroît et embellit Babylone. — Après Sémiramis commence une longue suite de rois fainéants.

8e siècle. **SARDANAPALE**, le dernier de ces rois, est renversé du trône par Bélésis, gouverneur de Babylone, et Arbacès, gouverneur de Médie, ce qui amène le démembrement de l'empire en trois royaumes (759).

	Ninivite, *Ou 2e empire assyrien.*	**Babylonien.**	**Mède.**
8e siècle.	**PHUL**, de la race de Sardanapale. **TÉGLATH-PHALASAR** s'allie avec Achaz, roi de Juda. **SALMANASAR** met fin au royaume d'Israël (718). **SENNACHÉRIB**, en guerre avec Ezéchias, roi de Juda, voit son armée détruite par l'ange exterminateur.	**BÉLÉSIS**, révolté sous Sardanapale. **NABONASSAR**, célèbre par l'ère qui porte son nom et qui commence l'an 747. Plusieurs rois obscurs.	**ARBACÈS**, révolté sous Sardanapale. **DÉJOCÈS** fonde Ecbatane.
	ASSAR-HADDON, vainqueur de Manassé, roi de Juda, reconquiert Babylone.	Babylone est conquise par Assar-Haddon, roi de Ninive.	
7e siècle.	**NABUCHODONOSOR Ier**. Son général, Holopherne, est tué par Judith devant Béthulie.		**CYAXARE Ier** détruit Ninive (625).

Sous Sarac, successeur de Nabuchodonosor Ier, Ninive est détruite de fond en comble par Cyaxare Ier, roi des Mèdes, et par Nabopolassar, gouverneur de Babylone, qui fonde l'empire babylonien (625).

(1) Plusieurs auteurs placent Ninus au 14e ou au 13e siècle.

Empire chaldéo-babylonien.

Ou dernier empire d'Assyrie.

7e siècle. **NABOPOLASSAR**, ancien gouverneur de Babylone, établit dans cette ville, après la ruine de Ninive, un empire qui s'élève au plus haut point de splendeur.

NABUCHODONOSOR II le Grand prend Jérusalem, commence la grande captivité de Babylone et met fin au royaume de Juda (587). Il s'empare de Tyr et ravage l'Egypte.

6e siècle. **ÉVILMÉRODACH.**

BALTHASAR, dernier roi de Babylone. — Prise de Babylone par Cyrus (538), et destruction de l'empire babylonien, ou dernier empire d'Assyrie, auquel succède l'empire des Perses.

Royaume mède.

La Médie reste indépendante et continue d'avoir des rois.

ASTYAGE, dont la fille Mandane épouse le perse Cambyse et devient mère de Cyrus.

CYAXARE II institue, pour héritier de son royaume, son neveu Cyrus.

MÈDES ET PERSES.

MADAI, fils de Japhet, chef des Mèdes.

ÉLAM, fils de Sem, chef des Perses ou Elamites. — (Ces deux peuples se réunirent plus tard, sous Cyrus, qui était perse par son père et mède par sa mère.)

9e siècle. La Médie est soumise par les rois d'Assyrie, tandis que la Perse, extrêmement réduite, continue d'avoir ses rois particuliers.

ARBACÈS affranchit la Médie de la domination assyrienne et en devient le premier roi (759). Ses principaux successeurs : Déjocès, Cyaxare Ier, Astyage, Cyaxare II.)

CYRUS, fils du perse Cambyse et de Mandane, fille d'Astyage, roi des Mèdes, fonde le grand empire des Perses, en réunissant à ses propres Etats : la Médie par héritage ; et par conquête, la Lydie, après sa victoire à Thymbrée sur Crésus (548) ; l'Assyrie, après la prise de Babylone sur l'impie Balthasar (538). Il met fin à la captivité de Babylone (536).

CAMBYSE hérite du vaste empire de Cyrus, et l'agrandit encore du royaume d'Egypte, auquel il met fin (525). — Cambyse se fait remarquer par sa démence et ses cruautés.

SMERDIS LE MAGE, usurpe le trône à la mort de Cambyse.

DARIUS Ier, FILS D'HYSTASPE, un des sept conjurés qui renversent Smerdis, punit la révolte de Babylone en s'emparant de cette ville (Zopyre). — Première guerre médique ou des Mèdes et Perses contre les Grecs. — Darius est défait à Marathon (490).

XERXÈS Ier, fils de Darius, entreprend la deuxième guerre médique contre la Grèce, qu'il envahit avec une armée innombrable. Passage du défilé des Thermopyles, défendu par Léonidas et trois cents Spartiates. Défaite de Xerxès à Salamine (480), à Platée et à Mycale (479).

ARTAXERXÈS Ier LONGUE-MAIN, fils de Xerxès, sous lequel a lieu la troisième guerre médique, terminée par le traité qui déclare libres toutes les villes grecques de l'Asie Mineure (449). — Règnes successifs des trois fils d'Artaxerxès : **XERXÈS II, SOGDIEN, DARIUS II NOTHUS**, sous lequel l'Egypte se rend indépendante.

ARTAXERXÈS II MNÉMON, fils de Darius II, triomphe à Cunaxa de son frère Cyrus le Jeune, qui lui disputait le trône. — Retraite des Dix Mille, sous la conduite de Xénophon (401). — Traité d'Antalcidas avec les Grecs (387).

ARTAXERXÈS III ou OCHUS, fils d'Artaxerxès II, soumet l'Egypte, se signale par ses cruautés, et est assassiné par l'eunuque Bagoas.

4e siècle **DARIUS III CODOMAN**, dernier roi de Perse, vaincu par Alexandre le Grand, dans les trois batailles du Granique (334), d'Issus (333) et d'Arbelles (331). — Destruction de l'empire des Perses, auquel succède celui des Grecs ou d'Alexandre (331).

LYDIE.

(La Lydie, située dans la partie occidentale de l'Asie Mineure, avait pour capitale Sardes, bâtie sur le Pactole, qui roulait dans ses flots des paillettes d'or; de là venaient, dit-on, les richesses tant vantées des rois de Lydie.)

25e siècle. **LUD**, fils de Sem, est regardé comme le père des Lydiens. (Ce peuple resta longtemps obscur.)

8e siècle **CANDAULE**, détrôné par Gygès.
GYGÈS (célèbre par son anneau).

6e siècle. **CRÉSUS** reçoit à sa cour Esope et Solon. Ce roi, vaincu par Cyrus à Thymbrée (548), se voit enlever la Lydie, réunie alors à l'empire des Perses.

GRÈCE.

25e siècle. **ION** ou **JAVAN**, fils de Japhet, passe pour être le père des Grecs. (L'histoire des premiers siècles de la Grèce est environnée de ténèbres et de fables.)

19e siècle **LES PÉLASGES** (venus d'Asie), habitants primitifs de la Grèce, élèvent de prodigieuses constructions : digues, chaussées, etc., désignées plus tard sous le nom de *constructions cyclopéennes*.

18e, 17e, siècles De nombreuses colonies asiatiques et égyptiennes abordent en Grèce et y fondent des villes, qui deviennent autant de petits Etats.
OGYGÈS, célèbre par le déluge qui porte son nom, s'établit dans l'Attique et la Béotie.
INACHUS, égyptien, fonde Argos.

16e siècle. **CÉCROPS**, égyptien, fonde Athènes et y établit le tribunal de l'Aréopage.
CADMUS, phénicien, fonde Thèbes en Béotie.
LÉLEX fonde ou agrandit Sparte.
Invasion de **DEUCALION**, roi de Thessalie, qui chasse les Pélasges. — Deucalion est célèbre par le déluge qui porte son nom.
HELLEN, fils de Deucalion, donne son nom à la Grèce (Hellade) et à ses habitants (Hellènes). Ses fils et ses petits-fils sont les chefs des quatre tribus helléniques : les Eoliens; les Achéens; les Doriens, illustres plus tard sous le nom de *Spartiates;* les Ioniens, illustres plus tard sous le nom d'*Athéniens*.

14e siècle. **PÉLOPS**, fils de Tantale, roi de Phrygie, à la tête d'une colonie nouvelle, s'établit dans la partie de la Grèce appelée de lui *Péloponèse;* ses descendants prennent le nom de *Pélopides*. (Deux villes, Mycènes et Corinthe, furent aussi très-puissantes aux premiers temps de la Grèce.)

du 14e au 11e siècle. **TEMPS HÉROIQUES**, signalés par l'apparition des demi-dieux ou héros. C'est alors qu'on remarque : le règne de **MINOS** en Crète; les exploits de **PERSÉE**, d'**HERCULE**, de **THÉSÉE**; les malheurs d'**OEDIPE**; l'expédition des Argonautes pour la conquête de la Toison d'or; l'expédition des Sept Chefs contre Thèbes; le siége de Troie ou d'Ilion, où brillent, parmi les Grecs : **AGAMEMNON**, **MÉNÉLAS**, époux d'Hélène, **ACHILLE**, **ULYSSE**, etc.; et parmi les Troyens : le roi **PRIAM**, **HECTOR** son fils, etc.

12e siècle Les **HÉRACLIDES** (descendants d'Hercule), unis aux Doriens, envahissent le Péloponèse, d'où ils chassent les Pélopides. — Cette révolution et d'autres semblables amènent l'émigration de plusieurs peuplades grecques et la fondation de colonies lointaines, surtout en Asie Mineure, en Italie et en Sicile. — Dès le 11e siècle, les Héraclides ou **DORIENS**, prépondérants dans le Péloponèse, et les **IONIENS**, prépondérants dans l'Attique, deviennent les deux principales races de la nation hellénique : l'une à Sparte, l'autre à Athènes, elles dominent sur les autres Etats et sont constamment rivales entre elles.

DES PRINCIPALES VILLES GRECQUES.

Et particulièrement SPARTE *et* ATHÈNES, *depuis le 11e siècle.*

Siècle	Sparte ou Lacédémone.	Athènes.
11e siècle	Après **EUROTAS**, **LACÉDÉMON**, **MÉNÉLAS**, **ORESTE**, etc., commence à Sparte la race des Héraclides. Le premier d'entre eux lègue le trône à ses deux fils jumeaux, qui l'occupent ensemble; leurs successeurs forment deux dynasties qui continuent à régner conjointement pendant plusieurs siècles.	Après **AMPHICTYON**, **ÉGÉE**, **THÉSÉE**, etc., Athènes voit finir sa royauté avec **CODRUS**, qui, dans une guerre contre les Doriens, se dévoue à la mort pour le salut de son peuple (1132). L'archontat remplace la royauté. Continuation de l'archontat.
10e siècle	**HOMÈRE**, Grec d'Asie, chante, dans l'*Iliade* et l'*Odyssée*, des épisodes de la guerre de Troie. Les rapsodes les redisent dans l'Ionie et en propagent la connaissance dans toute la Grèce.	
9e siècle	**LÉGISLATION DE LYCURGUE.** — Lycurgue, de la famille royale, donne à sa patrie des lois célèbres, principe de la grandeur de Sparte pendant huit siècles. Cette législation tendait 1° à établir une forte organisation de l'armée; 2° à maintenir la frugalité des repas pris en public; 3° à étouffer toute ambition personnelle en inspirant un amour fanatique de la patrie.	Continuation de l'archontat.
8e siècle	Ère des Olympiades, ou rétablissement en Grèce des jeux olympiques (776). C'est alors seulement que l'histoire commence à devenir plus certaine.	
	1re ET 2e GUERRES CONTRE LA MESSÉNIE, province voisine de Sparte. — Les Spartiates vainqueurs font peser un joug de fer sur les Messéniens, et voient s'accroître leur puissance dans le Péloponèse. (Une troisième guerre, au 5e siècle, soumet toute la Messénie à Sparte.)	L'archontat, d'abord à vie, devient décennal.
7e siècle	Prospérité de Sparte.	L'archontat devient annuel; il est partagé entre neuf membres. — Troubles et factions. **LÉGISLATION DE DRACON.** — Dracon, un des archontes, veut remédier aux troubles, mais par des lois si sévères qu'elles deviennent inapplicables.
6e siècle	Prospérité de Sparte.	**LÉGISLATION DE SOLON.** — Les lois plus douces de Solon, descendant de Codrus, sont mieux accueillies; elles mettent fin à l'anarchie et sont la base de la prospérité d'Athènes. Solon inspire aux Athéniens l'amour des lettres, des sciences et des arts; il encourage aussi le commerce et l'industrie. On le compte au nombre des Sept Sages.
	SEPT SAGES DE LA GRÈCE. — Solon d'Athènes, Thalès de Milet, Chilon de Sparte, Bias, Pittacus, Cléobule et Périandre. — Vers le même temps florissaient Pythagore de Samos et Esope le fabuliste.	
		TYRANNIE DE PISISTRATE, qui, après Solon, s'empare du pouvoir dans Athènes et le transmet à ses deux fils, Hipparque et Hippias. **EXPULSION DES PISISTRATIDES.** — Les Athéniens tuent Hipparque et chassent Hippias, qui se réfugie en Perse. — Etablissement de l'ostracisme.
5e siècle	Prospérité de Sparte.	Conquêtes d'Athènes dans la mer Egée. Ce siècle voit commencer les célèbres guerres qui donnent, pour longtemps, la prépondérance à Athènes et illustrent toute la Grèce.

5ᵉ siècle. **GUERRES MÉDIQUES** ou **DE CINQUANTE ANS** (des Mèdes et des Perses contre la Grèce). — *Causes* : secours donné par les Athéniens aux colonies grecques de l'Asie Mineure ; incendie de Sardes par les Athéniens ; instances d'Hippias pour être rétabli dans Athènes ; enfin puissance de la Perse, qui, maîtresse de l'Asie, veut s'étendre en Europe.

1ʳᵉ GUERRE MÉDIQUE, sous Darius, fils d'Hystaspe, qui porte la guerre en Grèce. Victoire des Athéniens à Marathon (490), sous la conduite de Miltiade.

2ᵉ GUERRE MÉDIQUE, sous Xerxès, fils de Darius, qui dirige contre la Grèce une armée innombrable. L'héroïque Léonidas, roi de Sparte, et ses trois cents Spartiates l'arrêtent plusieurs jours au défilé des Thermopyles, où ils succombent tous (480). Xerxès poursuit sa marche, et Athènes est incendiée ; mais Thémistocle et les Athéniens dispersent, dans le détroit de Salamine, la flotte du Grand Roi, qui s'enfuit en Asie (480). L'année suivante, victoire de Platée, remportée par les Athéniens sous le commandement d'Aristide, et par les Spartiates sous celui de Pausanias (479). Le même jour, la flotte grecque triomphe des Perses à Mycale (479).

3ᵉ GUERRE MÉDIQUE, sous Artaxerxès Longue-Main, fils de Xerxès. L'Athénien Cimon conduit les Grecs à de nouveaux triomphes ; il porte même ses armes en Perse, et met fin aux guerres médiques par un traité qui déclare libres toutes les villes grecques de l'Asie Mineure (449). Ce moment est le plus glorieux de l'histoire de la Grèce.

BRILLANTE PÉRIODE D'ATHÈNES, sous le gouvernement de Périclès, qui fait fleurir les lettres et les arts, et donne son nom à son siècle. C'est alors qu'apparaissent les poètes Eschyle, Sophocle, Euripide, Aristophane et Pindare ; Hérodote et Thucydide, historiens ; Socrate, philosophe ; Hippocrate, médecin ; Phidias, sculpteur ; Zeuxis et Parrhasius, peintres, etc.

GUERRE DU PÉLOPONÈSE (durée 27 ans, de 431 à 404). — *Causes* : rivalité de Sparte et d'Athènes, et despotisme de cette dernière ville. — Cette guerre, d'abord favorable à Athènes, et où se distinguent, du côté des Athéniens, Alcibiade ; du côté des Spartiates, Lysandre, se termine, après la victoire de ce dernier à Ægos-Potamos (405), par la prise d'Athènes. Les Spartiates vainqueurs imposent à cette ville les Trente Tyrans, renversés, après quelques mois, par l'héroïque Thrasybule. — L'issue de la guerre du Péloponèse rend à Sparte sa prépondérance, mais la Grèce est divisée et affaiblie.

RETRAITE DES DIX MILLE (401). Peu de temps après ces luttes intérieures, treize mille Grecs passent en Asie, à la solde de Cyrus le Jeune, révolté contre son frère Artaxerxès Mnémon, roi de Perse. Artaxerxès est vainqueur à Cunaxa ; Cyrus est tué, et dix mille des Grecs, ses alliés, reviennent en Grèce, sous la conduite de Xénophon, au travers des plus grands périls.

4ᵉ siècle. **EXPÉDITION D'AGÉSILAS,** roi de Sparte, qui porte la guerre en Perse pour défendre les villes grecques, inquiétées de nouveau par le Grand Roi. — Rappel d'Agésilas dans sa patrie menacée.

LIGUE DE PLUSIEURS VILLES GRECQUES contre Sparte (395). Athènes, Thèbes, Corinthe et Argos essayent de secouer le joug de Sparte ; Athènes surtout parvient à rétablir, par les victoires de Conon, sa puissance maritime. Sparte effrayée cherche un appui dans le roi de Perse, et conclut avec lui le honteux traité d'**ANTALCIDAS,** qui livre aux Perses toutes les villes grecques d'Asie.

LUTTE DE THÈBES CONTRE SPARTE. Epaminondas et Pélopidas, célèbres Thébains, affranchissent leur patrie de la domination de Sparte. Thèbes acquiert par leurs victoires une prépondérance passagère sur la Grèce. Bataille de Leuctres, où Epaminondas et son ami triomphent de Sparte (371). Bataille de Mantinée ; Epaminondas y meurt au sein de la victoire (363).

GUERRE SOCIALE (359 à 356), ou révolte de plusieurs colonies (Chio, Cos, Rhodes) contre Athènes, leur métropole, qui perd ainsi sa domination maritime.

GUERRES SACRÉES, ou ligue de plusieurs villes grecques pour punir les Phocidiens d'avoir labouré des terres consacrées à Apollon. Ces guerres fournissent à Philippe, roi de Macédoine, l'occasion de s'immiscer dans les affaires de la Grèce, qu'il domine bientôt, malgré les efforts de l'orateur Démosthènes et de Phocion, le plus intègre des généraux grecs.

BATAILLE DE CHÉRONÉE (338). Philippe est vainqueur des Athéniens et des Thébains unis, et la Grèce perd son indépendance.

DOMINATION MACÉDONIENNE. Après Philippe, Alexandre le Grand, son fils, domine à son tour sur la Grèce, détruit Thèbes révoltée, fait trembler Athènes, et, nommé généralissime des Grecs, porte ce nom victorieux jusqu'aux extrémités de l'Asie. C'est en sa personne que l'empire des Grecs succède à celui des Perses (331). Après la mort d'Alexandre, la Grèce reste sous la domination macédonienne, malgré les efforts des Athéniens, soulevés par l'éloquence de Démosthènes. — Le 4ᵉ siècle continue l'époque de Périclès, et voit briller, outre Démosthènes, les philosophes Platon, Aristote, Epicure et Diogène, le peintre Apelles, les sculpteurs Lysippe et Praxitèle, etc.

3e siècle **LIGUE ACHÉENNE.** Cette ligue, formée dans l'origine de douze villes du Péloponèse, devient illustre par ses efforts pour soustraire la Grèce à la domination des Macédoniens ; elle parvient même à en affranchir la fastueuse Corinthe par le courage d'Aratus, et jette un dernier éclat sous Philopémen, appelé *le dernier des Grecs.*

2e siècle **SOUMISSION DE LA GRÈCE PAR LES ROMAINS.** Malgré les efforts de la Ligue achéenne, la Grèce désunie cède aux efforts des Romains, déjà destructeurs du royaume de Macédoine (168). Prise de Corinthe par le consul Mummius Achaïcus, et réduction de la Grèce en province romaine, sous le nom d'*Achaïe* (146). L'empire des Romains succède alors à celui des Grecs.

Macédoine.

Partie de l'ancienne Grèce (aujourd'hui partie de la Turquie d'Europe).

8e siècle **FONDATION DU ROYAUME DE MACÉDOINE** par l'Héraclide **CARANUS.** (Cet Etat reste obscur et dépendant des Perses ou des Grecs jusqu'à Philippe, père du grand Alexandre.)

4e siècle **PHILIPPE** (360), élève du célèbre thébain Epaminondas, rend la Macédoine puissante et glorieuse par sa politique comme par ses victoires. A la faveur des Guerres sacrées (355 à 338), il s'immisce dans les affaires de la Grèce. Malgré les succès de Phocion et les célèbres harangues appelées *Philippiques*, par lesquelles Démosthènes démasque sa politique ambitieuse, Philippe triomphe définitivement des Grecs à la bataille de Chéronée. Philippe, parvenu à se faire nommer généralissime d'une expédition de tous les Etats grecs contre la Perse, est assassiné (336).

ALEXANDRE LE GRAND (336), fils de Philippe, élève du célèbre Aristote, monte sur le trône à l'âge de vingt ans. Il reprend tous les projets de son père, porte d'abord ses armes en Grèce, détruit Thèbes révoltée, épargne Athènes suppliante, et, nommé à son tour généralissime des Grecs, il part pour la conquête de l'Asie. Victorieux au Granique (334), Alexandre soumet l'Asie Mineure, tranche le nœud gordien à Gordium, se voit près de périr dans les eaux glacées du Cydnus ; défait, à Issus (333), Darius Codoman, roi de Perse ; prend Sidon et Tyr ; marche sur Jérusalem, qu'il épargne à la prière du grand-prêtre Jaddus ; soumet l'Egypte sans combat et y jette les fondements d'Alexandrie ; se fait adorer comme dieu au temple de Jupiter Ammon ; puis, remontant au cœur de la Perse, il remporte sur Darius la victoire décisive d'Arbelles (331), qui anéantit cet empire. Alexandre, poursuivant sa marche jusqu'en Scythie, fait la conquête de l'Inde sur Porus, et descend l'Indus jusqu'à l'Océan. Après toutes ces victoires, le conquérant de l'Asie revient, couvert de gloire, mourir à Babylone, à l'âge de trente-deux ans.

DÉMEMBREMENT DU ROYAUME D'ALEXANDRE. Le vaste empire macédonien ne tarde pas à être démembré, et, après plusieurs années d'anarchie, quatre des principaux généraux, victorieux de leurs compétiteurs à Ipsus (301) se font reconnaître dans leurs provinces et fondent des royaumes particuliers.

	Nouveau royaume d'Egypte	Royaume de Syrie.	Royaume de Macédoine.	Royaume de Thrace
4e siècle	**PTOLÉMÉE SOTER** commence en Egypte la dynastie des Lagides ou des Ptolémées (323). (Voir *Egypte*, page 7.)	**SÉLEUCUS NICATOR** fonde en Syrie un puissant empire, et commence la dynastie des Séleucides (311).	**CASSANDRE** épouse la sœur d'Alexandre le Grand et s'établit en Macédoine, où sa famille ne peut se maintenir.	**LYSIMAQUE** s'empare de la Thrace ; il est vaincu et tué par Séleucus Nicator, roi de Syrie (282), et son empire se perd dans les deux précédents
2e siècle		**ANTIOCHUS III** le Grand, un des successeurs de Séleucus, fait plusieurs conquêtes, mais il est battu à Magnésie par les Romains (190).	La Macédoine est conquise tour à tour par Pyrrhus, roi d'Epire, par Lysimaque, roi de Thrace, etc. **ANTIGONE GONATAS**, descendant d'un des généraux d'Alexandre, s'empare du trône (278) et le laisse à sa famille.	
		SÉLEUCUS IV envoie Héliodore au temple de Jérusalem.	**PHILIPPE V** vaincu par les Romains à Cynoscéphales (197). **PERSÉE**, dernier roi de Macédoine, vaincu à Pydna par Paul-Emile (168).	

Ces trois royaumes sont réduits en province romaine.

29 ans avant J.-C.	65 ans avant J.-C.	148 ans avant J.-C.

HISTOIRE ROMAINE.

L'histoire romaine est presque exclusivement celle de la ville de Rome, successivement en rapport avec les peuples de l'Italie et ceux des bords de la Méditerranée, qu'elle finit par soumettre à son empire.

Depuis la fondation de Rome (753) jusqu'à la destruction de l'empire d'Occident (476), cette histoire comprend une durée de douze siècles, divisée en trois époques bien distinctes :

1° **ROME SOUS LES ROIS** (753 à 509).

2° **ROME PENDANT LA RÉPUBLIQUE** (509 à 29).

3° **ROME SOUS L'EMPIRE** (29 ans avant Jésus-Christ à 476 ans après Jésus-Christ).

Les Romains se glorifiaient de descendre de la colonie troyenne conduite par Enée en Italie, après la prise de Troie (13e siècle). Ascagne, fils d'Enée, bâtit la ville d'Albe-la-Longue.

8e siècle. **NUMITOR**, un des successeurs d'Ascagne, ayant été détrôné par Amulius son frère, ce dernier fit exposer sur le Tibre deux jumeaux que Rhéa Sylvia, fille de Numitor, venait de mettre au monde. Ce furent ces deux enfants qui, rejetés sur les bords du fleuve, recueillis et élevés par un berger, devinrent les fondateurs de Rome.

Rome sous les rois (753 à 509).

Après avoir tué son frère Rémus, Romulus, pour peupler sa ville naissante, en fait un asile ouvert aux bandits et aux esclaves. Trois peuples : les Latins, les Sabins et les Etrusques, concourent particulièrement à la formation du peuple romain.

La première forme du gouvernement, à Rome, est la royauté. Sept rois s'y succèdent :

1° **ROMULUS**, latin, roi guerrier, triomphe sur les Sabins, dans une guerre causée par l'enlèvement des Sabines. Ses exploits le font passer pour fils de Mars.

2° **NUMA POMPILIUS**, sabin, roi législateur.

7e siècle. 3° **TULLUS HOSTILIUS**, latin, roi guerrier, triomphe des Albains par la victoire des Horaces sur les Curiaces, et détruit Albe-la-Longue, rivale de Rome.

4° **ANCUS MARTIUS**, sabin, roi législateur.

5° **TARQUIN L'ANCIEN**,
6e siècle. 6° **SERVIUS TULLIUS**,
7° **TARQUIN LE SUPERBE**, } étrusques. { Ces trois rois contribuent au développement de la puissance romaine, le premier et le troisième par des conquêtes sur les peuples circonvoisins, le deuxième par des institutions politiques.

Néanmoins la tyrannie de Tarquin le Superbe, l'outrage fait à Lucrèce par Sextus son fils, amènent l'expulsion des Tarquins et la substitution de la république à la royauté (509).

Rome pendant la république (509 à 29).

CRÉATION DU CONSULAT pour exercer le souverain pouvoir dans la république. Le consulat est électif, annuel et partagé entre deux citoyens. Les premiers consuls sont : Collatin et Brutus.

GUERRES CONTRE LES TARQUINS EXILÉS. Dès le commencement, la république soutient les guerres que fomentent contre elle les Tarquins exilés, aidés par Porsenna, roi d'Etrurie. Dans ces guerres de treize ans, dites *guerres royales*, Horatius Coclès, Mucius Scévola et Clélie s'illustrent par leur dévouement et assurent à Rome le triomphe.

V siècle **QUERELLES INTESTINES** causées par la haine réciproque des patriciens et des plébéiens. Le peuple, apaisé quelque temps par la création de la dictature (magistrature suprême conférée dans les circonstances extraordinaires), ne tarde pas à se retirer sur le Mont-Sacré, et ne consent à rentrer dans la ville qu'après avoir obtenu des patriciens l'abolition des dettes et la création des tribuns du peuple, magistrats chargés de défendre ses intérêts.

GUERRES CONTRE LES VOLSQUES, EXPLOITS ET EXIL DE CORIOLAN. Vers le même temps, les Volsques sont vaincus à Corioles par Marcius, qui reçoit le surnom de *Coriolan*. Ce jeune patricien, exilé peu après sur de fausses accusations, se fait traître dans l'exil, et vient assiéger Rome à la tête de ces mêmes Volsques qu'il a vaincus. Rome ne doit son salut qu'à l'amour de Coriolan pour Véturie, sa mère (487).

NOUVEAUX TROUBLES ET NOUVELLES GUERRES. Malgré les troubles qui éclatent dans la ville à la proposition de la loi agraire, ou du partage des terres conquises entre les citoyens indigents, Rome se défend, au dehors, des attaques des Véiens, par le dévouement de ses trois cent six Fabius (477), de celles des Sabins et des Etrusques par le commandement de Quinctius Cincinnatus, qu'on tire de sa charrue pour l'honorer de la dictature. Rome s'attache plusieurs des peuples vaincus par le droit et les privilèges d'alliés.

ÉTABLISSEMENT DU DÉCEMVIRAT. Dans le but de se donner une législation fixe, Rome envoie des députés en Grèce pour recueillir les meilleures lois des législateurs de ce pays. Au retour des députés, dix magistrats, appelés *décemvirs*, rédigent un code judiciaire qui prend le nom de *loi des Douze Tables* (451). La tyrannie des décemvirs et l'attentat de l'un d'eux contre Virginie amènent l'abolition du décemvirat.

IV siècle **DICTATURE DE CAMILLE ET PRISE DE VÉIES.** Après dix ans de siège, Camille s'empare de cette riche cité des Etrusques, la rivale de Rome (405 à 395).

INVASION DES GAULOIS. Vers 390, une armée de Gaulois Sénons met Rome à deux doigts de sa perte. Vainqueurs à l'Allia, les Gaulois prennent et incendient Rome; le Capitole seul résiste à leurs attaques, il est sauvé par le courage de Manlius. Camille (1), dictateur pour la seconde fois, disperse l'armée gauloise, et mérite le surnom de deuxième fondateur de Rome.

GUERRES CONTRE LES SAMNITES (343 à 290). Humiliation infligée aux Romains, aux Fourches Caudines (321). Les Romains s'en vengent par d'éclatantes victoires où se distingue le célèbre Curius.

GUERRES CONTRE LES TARENTINS, soutenus par Pyrrhus, roi d'Epire, et conquête de l'Italie méridionale (275). Le Romain Fabricius s'illustre dans cette guerre. Rome, après ses conquêtes dans l'Italie septentrionale sur les Gaulois cisalpins (vers 264), se voit maîtresse de toute l'Italie et se prépare à étendre plus loin ses conquêtes.

GUERRES PUNIQUES. Rome, en voulant accroître sa domination, rencontre bientôt Carthage, et ces deux ambitieuses rivales commencent entre elles les guerres connues sous le nom de *guerres puniques* (de *Pœnus*, Carthaginois). Elles ont pour cause première les prétentions des deux peuples à la Sicile. Après une durée de cent dix-huit ans, ces guerres se terminent par le triomphe de Rome et la destruction de Carthage. On en compte trois :

1re **GUERRE PUNIQUE** (264 à 241), marquée par la première victoire navale des Romains et le dévouement de Régulus. Cette guerre donne la Sicile aux Romains.

2e **GUERRE PUNIQUE** (219 à 201), la plus célèbre; elle fixe l'attention du monde entier et menace Rome du plus grand péril par la marche victorieuse d'Annibal. Annibal triomphe successivement, au Tessin, à la Trébie, au lac Trasimène et à Cannes (216) sur Paul-Emile et Varron. Mais l'armée victorieuse s'affaiblit dans les délices de Capoue, et Annibal lui-même, obligé de retourner en Afrique, est vaincu à Zama (202) par Scipion, surnommé *l'Africain*. Pendant le cours de cette guerre, le consul Marcellus s'empare de Syracuse, défendue par le célèbre géomètre Archimède (212). La deuxième guerre punique donne aux Romains une partie de l'Espagne et l'empire de la mer.

3e **GUERRE PUNIQUE** ne dure que trois ans (149 à 146), et se termine par la destruction de Carthage (146), dont Scipion Emilien, dit *le second Africain*, réduit tout le territoire en province romaine. Cette guerre donne l'Afrique aux Romains.

Pendant les deux dernières guerres puniques et dans les intervalles qu'elles laissent :

GUERRE CONTRE ANTIOCHUS LE GRAND, roi de Syrie, vaincu à Magnésie (190).

GUERRE CONTRE PERSÉE, roi de Macédoine, vaincu à Pydna (168) par Paul-Emile. Le royaume de Macédoine est détruit et bientôt après réduit en province romaine.

SOUMISSION DE LA GRÈCE, réduite en province romaine, sous le nom d'*Achaïe*, après la prise de Corinthe (146).

(1) D'après Tite-Live.

GUERRE CONTRE L'ESPAGNE. Les Romains soumettent la Lusitanie, et triomphent, avec Scipion Emilien, de l'héroïque résistance de Numance (133).

DISCORDES CIVILES, TROUBLES DES GRACQUES (133). Les Gracques, petits-fils de Scipion l'Africain par leur mère Cornélie, font de nouvelles tentatives pour établir la loi agraire, soulèvent le peuple contre les patriciens et périssent tous deux de mort violente. — A cette époque, les généraux commencent à jouer dans les guerres de conquêtes un rôle essentiellement personnel ; ils subordonnent à leurs intérêts les intérêts de la république, et l'histoire de Rome n'est bientôt plus que celle de grands ambitieux.

GUERRE CONTRE JUGURTHA, roi de Numidie (118 à 106). Pendant cette guerre, Marius, général d'origine plébéienne, supplante son protecteur Métellus, et réduit la Numidie en province romaine, après avoir vaincu Jugurtha.

GUERRES CONTRE LES TEUTONS ET LES CIMBRES, où Marius, vainqueur à Aix sur les Teutons (102), à Verceil sur les Cimbres (101), reçoit cinq consulats successifs et le titre de troisième fondateur de Rome.

1er siècle **GUERRE SOCIALE** (90 à 88). On nomme ainsi la lutte que les peuples de l'Italie, alliés de la république, entreprennent contre Rome pour obtenir le droit de cité. Sylla s'illustre par des succès dont s'irrite Marius ; ainsi se développe une funeste rivalité entre ces deux généraux.

1re GUERRE CONTRE MITHRIDATE, roi de Pont (88). La rivalité de Marius et de Sylla éclate à l'occasion de cette guerre, et amène la **PREMIÈRE GUERRE CIVILE.** Le commandement de la guerre de Pont, confié à Sylla par le sénat, lui est disputé par Marius et le parti populaire. Sylla l'emporte, et Marius fugitif cherche un asile dans les marais de Minturnes, puis dans les ruines de Carthage.

PROSCRIPTIONS DE MARIUS. Pendant que Sylla combat Mithridate en Asie, Marius, revenu à Rome, immole à sa vengeance les plus illustres Romains et meurt bientôt. En même temps Sylla, vainqueur à Chéronée et à Orchomène, impose la paix à Mithridate et rentre en Italie (83).

DICTATURE ET PROSCRIPTIONS DE SYLLA (83) Sylla signale sa dictature par de terribles listes de proscription contre les partisans de Marius et les plus riches citoyens romains ; il meurt après avoir abdiqué la dictature (78).

2e GUERRE CONTRE MITHRIDATE (74 à 67), conduite heureusement par Lucullus.

3e GUERRE CONTRE MITHRIDATE, terminée par Pompée, qui réduit le royaume de Pont en province romaine (63).

Vers la fin des guerres contre Mithridate :

GUERRE CONTRE SERTORIUS, qui soutenait en Espagne les restes du parti de Marius (73).
GUERRE CONTRE SPARTACUS ET LES GLADIATEURS (71).
GUERRE CONTRE LES PIRATES (67). Pompée se distingue dans ces trois dernières guerres.

Pendant ces triomphes du dehors, Rome est troublée à l'intérieur.

CONJURATION DE CATILINA (63), déjouée par l'orateur Cicéron, nommé alors consul et quatrième fondateur de Rome.

1er TRIUMVIRAT (60), entre Pompée, César et Crassus, pour dominer la république. Tandis que Pompée fait administrer ses provinces par des lieutenants, et cherche à se rendre favorables, à Rome, le sénat et le peuple, Crassus perd la vie dans une **EXPÉDITION CONTRE LES PARTHES** (53), et César fait en huit ans, malgré les efforts de l'illustre Arverne Vercingétorix, la **CONQUÊTE DE LA GAULE** (58 à 50). La Grande-Bretagne est en partie soumise, et les peuples de la Germanie apprennent à redouter le nom romain.

GUERRE ENTRE CÉSAR ET POMPÉE, ou **2e GUERRE CIVILE** (52 à 48). Bientôt une sanglante rivalité éclate entre Pompée et César. Ce dernier revient précipitamment des Gaules, franchit le Rubicon (49) et marche sur Rome. A son approche, Pompée s'enfuit en Grèce, où, poursuivi par César, il est vaincu à Pharsale (48). Pompée vaincu passe en Egypte, où il est lâchement assassiné par les ordres du roi Ptolémée XII. César venge sa mort en détrônant Ptolémée et en donnant à Cléopâtre, sœur de ce prince, la couronne d'Egypte (48). César triomphe successivement, en Asie, de Pharnace, et en Espagne, des fils de Pompée, par la sanglante victoire de Munda, qui termine la guerre civile (45).

DICTATURE DE CÉSAR (45). César, vainqueur de tous ses ennemis, gouverne avec clémence, comme dictateur perpétuel ; mais bientôt plusieurs conjurés, entre autres Cassius et Brutus, son fils adoptif, le poignardent dans le sénat, aux pieds de la statue de Pompée. — César est célèbre non seulement comme guerrier, mais encore comme écrivain et orateur.

2e TRIUMVIRAT (43). Après le meurtre de César, Octave, son neveu et son héritier, Antoine et Lépide, forment à Rome un second triumvirat. Ils proscrivent des milliers de citoyens, sous prétexte de venger César. Cicéron est mis à mort. Octave et Antoine remportent à Philippes, en Macédoine, une victoire sur Brutus et Cassius, chefs du parti républicain.

Quelques années plus tard, Antoine entreprend une **NOUVELLE GUERRE CONTRE LES PARTHES.** Engagé dans leur pays, il ne sauve son armée que par une savante retraite (37).

RIVALITÉ ENTRE OCTAVE ET ANTOINE, ou 3e **GUERRE CIVILE** (42 à 31). Après avoir écarté le faible Lépide, Octave triomphe d'Antoine et de Cléopâtre à la bataille navale d'Actium (31). Antoine s'enfuit en Egypte et se tue bientôt pour échapper à son vainqueur (30).

RÉDUCTION DE L'ÉGYPTE EN PROVINCE ROMAINE. Mort de Cléopâtre (30).

COMMENCEMENT DE L'EMPIRE (23). Octave gouverne alors sans rival, sous le titre d'empereur et le nom d'Auguste. Il donne la paix à l'univers et fait de son règne celui des lettres. La langue latine, née du grec et arrivée à sa perfection, produit ses plus admirables chefs-d'œuvre. — Mécène, ami d'Auguste, protége les lettres, qu'il cultive lui-même. — Virgile compose l'*Enéide*, Horace des *Odes* et l'*Art poétique*. — Tite-Live écrit son admirable *Histoire romaine*, etc., etc.

TABLEAU SYNOPTIQUE DE L'HISTOIRE UNIVERSELLE, AVANT JÉSUS-CHRIST.

50e siècle.

Histoire sacrée.

4063 **Création du monde.**

Adam et **Ève**: leur chute et leur pénitence.

Naissance de **Caïn** et d'**Abel**.

49e siècle.

Histoire sacrée.

Meurtre d'**Abel**.
Naissance de **Seth**, deuxième patriarche.

Postérité de **Caïn**, famille de [illegible]

Hénoch.
Irad.
Maviaël.
Mathusaël.

Lamech, père de quatre enfants :
- **Jabel**, inventeur de tentes.
- **Jubal**, inventeur des instruments de musique.
- **Tubalcaïn**, inventeur de la forge.
- **Noéma**, qui enseigne à filer.

48e siècle.

47e siècle.

46e siècle.

45e siècle.

44e siècle.

43e siècle.

42e siècle.

41e siècle.

Hist. sacrée.

Mort d'**Adam**, âgé de 930 ans.

40e siècle.

Hist. sacrée.

Énoch, septième patriarche, enlevé au ciel âgé de 365 ans.

Mort de **Seth**, deuxième patriarche, âgé de 912 ans.

39e siècle.

Hist. sacrée.

Mort d'**Énos**, troisième patriarche, âgé de 905 ans.

38e siècle.

Hist. sacrée.

Mort de **Caïnan**, quatrième patriarche, âgé de 910 ans.

Mort de **Malaléel**, cinquième patriarche, âgé de 895 ans.

37e siècle.

36e siècle.

Hist. sacrée.

Mort de **Jared**, sixième patriarche, âgé de 962 ans.

35e siècle.

Hist. sacrée.

Noé, dixième patriarche, reçoit l'ordre de construire l'arche.

Il y emploie cent ans.

Naissance de ses trois fils : **Sem**, **Cham**, **Japhet**.

34e siècle.

Histoire sacrée.

Mort de **Lamech**, père de Noé, neuvième patriarche, âgé de 777 ans.

Mort de **Mathusalem**, grand-père de Noé, huitième patriarche, âgé de 969 ans.

3308 **Déluge universel**

Sortie de l'arche.

33e siècle.

Hist. sacrée.

Patriarches postdiluviens.

32e siècle.

Hist. sacrée.

Patriarches postdiluviens.

31e siècle.

Hist. sacrée.

Patriarches postdiluviens.

30e siècle.

Hist. sacrée.

Patriarches postdiluviens.
Tour de **Babel**.
Dispersion des hommes.
Mort de **Noé**, âgé de 950 ans.

Chine.

Fo-hi, fondateur [illegible] des **Chinois**.

29e siècle.

Hist. sacrée.

Patriarches postdiluviens.

Mort de **Sem**, premier patriarche postdiluvien, âgé d'environ 600 ans.

Les autres patriarches jusqu'à Abraham sont :

Arphaxad.
Salé.
Héber.
Phaleg.
Rého.
Sarug.
Nachor.
Tharé.
Abram.

28e siècle.

Hist. sacrée.

Patriarches postdiluviens.

27e siècle.

Hist. sacrée.

Patriarches postdiluviens.

Assyrie.

2640 Fondation de **Babylone** par **Nemrod**, petit-fils de Cham.
Fondation de **Ninive** par **Assur**, fils de Sem.

26e siècle.

Histoire sacrée.

Patriarches postdiluviens.

TABLEAU SYNOPTIQUE DE L'HISTOIRE UNIVERSELLE, AVANT JÉSUS-CHRIST. (SUITE.)

25e siècle.

H. s. Patriarches antédiluviens.

Egypte. Fondation du royaume d'Egypte par Ménès ou Mitsraïm, fils de Cham.

Les fils de Noé sont les auteurs des principaux peuples.

SEM.	CHAM.	JAPHET.
Arphaxad. Arméniens.	**Chus.** Arabes et Ethiop.	**Gomer.** Gomariens (Celtes).
Elam. Elamites (Perses).	**Phul.** Africains septent.	**Javan ou Ion.** Ioniens (Grecs).
Lud. Lydiens.	**Chanaan.** Chananéens.	**Madaï.** Mèdes.
Aram. Araméens (Syriens).		**Magog.** Scythes.
		Et plusieurs autres peu connus.

24e siècle.

Histoire sacrée. Patriarches postdiluviens.

23e siècle.

Histoire sacrée.
2296 **Vocation d'Abraham.** Naissance d'**Ismaël**, tige des **Ismaélites**.
Ruine de **Sodome**.
Naissance d'**Isaac**.
Madian, fils d'Abraham, père des **Madianites**. **Loth**, **Melchisédech**, etc., etc.
Moab, père des **Moabites**.
Ammon, père des **Ammonites**.

22e siècle.

Hist. sac. **Esaü**, **Jacob** et ses douze fils. **Laban**, etc. **Amalec** (petit-fils d'Esaü), père des **Amalécites**.

21e siècle.

H. s. **Joseph**, ministre en **Egypte**; il y appelle ses frères. — Don qui leur est fait, par un des Pharaons, de la terre de Gessen.

Egypte. Invasion des **Hycsos** dans la Basse et la Moyenne Egypte.

20e siècle.

H. s. Séjour et prospérité des **Hébreux en Egypte**.

Assyrie. **Bélus**, un des successeurs d'**Assur**, fonde **Babylone** et **Ninive** et fonde ainsi le premier **Empire Assyrien**. (*Bélus est adoré comme dieu après sa mort.*)
Ninus soumet l'**Asie** et agrandit **Ninive**.
Sémiramis, femme de **Ninus**, continue ses conquêtes; elle embellit **Babylone**. (*L'époque de Ninus et de Sémiramis est fort douteuse.*)

Grèce. **Temps fabuleux.** — Règne présumé des dieux dans la **Grèce**.

19e siècle.

H. s. Séjour et prospérité des **Hébreux en Egypte**.

Grèce. Etablissement des **Pélasges** en **Grèce**.

18e siècle.

H. s. Commencement des persécutions contre les **Hébreux** en **Egypte**.

Grèce. **Inachus** fonde **Argos**.
Déluge d'**Ogygès** en Béotie.

Egypte. Expulsion des **Hycsos** par **Thoutmosis**.
Moeris.
Osymandias.

17e siècle.

Histoire sacrée.
Persécution contre les **Hébreux**.
Plaies d'**Egypte**.
1645 **Sortie des Israélites de l'Egypte** sous la conduite de **Moïse** et d'**Aaron**.
Lois du **Sinaï**.
Terre explorée, **Caleb** et **Josué**.
1605 Entrée dans la **Terre-Promise** sous la conduite de **Josué**, et prise de **Jéricho**.

Egypte. Conquêtes de **Sésostris**, roi d'Egypte.

16e siècle.

Hist. sac. Mort de **Josué**.
Commencement du gouvernement des Juges (*durée, 356 ans*: **Othoniel**, premier Juge).
Première servitude.

Grèce. Fondation d'**Athènes** par **Cécrops**.
Fondation de **Thèbes** par **Cadmus**.
Fondation de **Sparte** par **Lélex**.
Déluge de **Deucalion** dans la Thessalie.
Les **Hellènes** (*Eoliens, Achéens, Doriens, Ioniens*), descendants de Deucalion, s'établissent en **Grèce**.
Conseil amphictyonique.

Gaules. Les **Gaulois** ou **Celtes** s'établissent dans les **Gaules** et en chassent les *Ibères*, qui se réfugient en *Espagne* et lui donnent leur nom (*Ibérie*).

15e siècle.

H. s. Suite du gouvernement des **Juges**.

Gaules. Les **Phéniciens** abordent dans les Gaules et y fondent **Nîmes** et **Alésia**.

14e siècle.

H. s.
Suite du gouvernement des **Juges**.
Débora, prophétesse en Israël. — **Jahel** tue **Sisara**.
Gédéon, quatrième Juge, défait les **Madianites**.

Grèce mythologique.
Les **Pélopides** s'établissent en **Grèce**.
Commencement des **Temps héroïques** (*des demi-dieux ou héros*). *Ces temps durent jusqu'au 11e siècle.*
Lois de **Minos** en Crète. Labyrinthe de **Dédale**.
Exploits de **Persée**, d'**Hercule** (*père des Héraclides*), de **Thésée**, roi d'Athènes.
Œdipe, roi de Thèbes. — Guerre des **Sept Chefs**.
Orphée, roi de Thrace.
Expédition des **Argonautes** pour la conquête de la **Toison d'or**.

13e siècle.

H. s.
Suite du gouvernement des **Juges**.
Jephté défait les **Ammonites**.
Histoire de **Ruth**.

Grèce.
1280 Siège de **Troie** par les Grecs, sous les ordres d'**Agamemnon** (**Achille**, **Ulysse**, etc.).

Enée, chef des Troyens fugitifs, aborde en *Italie* après la ruine de Troie; son fils **Ascagne** fonde **Albe-la-Longue** (*d'où sortirent plus tard les Romains, 753*).

12e siècle.

H. s.
Suite du gouvernement des **Juges**.
Samson défait les Philistins. — **Héli**.

Grèce.
Les **Héraclides**, à la tête des *Doriens*, s'établissent dans le *Péloponèse*.
Etablissement des colonies grecques en Asie Mineure (**Eoliens**, **Ioniens**, **Doriens**).
1136 Abolition de la royauté à Athènes. — **Codrus**, dernier roi.
Création des **Archontes**.

11e siècle.

H. s.
Fin du gouvernement des **Juges**. — **Samuel**.
1095 **Etablissement de la royauté.**
Saül, **David**, **Salomon**.

Phénicie. **Hiram**, puissant roi de Tyr.

10e siècle.

H. s.
Dédicace du **temple de Salomon**.
983 **Roboam.** **Schisme** des dix tribus. — Royaume de **Juda**. Royaume d'**Israël** sous **Jéroboam**.

Egypte. **Sésac**, roi d'Egypte; *guerre contre Roboam*.

Grèce. **Homère**, le plus célèbre des poètes grecs (*Iliade, Odyssée*). **Hésiode**.

9e siècle.

H. s.
Règne d'**Achab** et de **Jézabel** en **Israël**.
Règne de **Josaphat**, d'**Athalie**, de **Joas** en **Juda**.
Les prophètes **Elie** et **Elisée**.

Phénicie. **Didon**, *princesse de Tyr, fonde* **Carthage**.

Grèce. Lois de **Lycurgue** à **Sparte**.

8e siècle.

Hist. sacrée.
Règne d'**Ezéchias** en **Juda**.
Les prophètes **Isaïe**, **Jonas**.
718 Destruction du royaume d'**Israël** par **Salmanasar**, roi d'Assyrie (*durée, 244 ans; dernier roi*, **Osée**).
Histoire de **Tobie** pendant la captivité des Israélites à **Ninive**.

Assyrie.
720 Mort de **Sardanapale**, dernier roi du premier empire Assyrien, *subdivisé alors en trois royaumes* : **Ninivite** ou deuxième empire Assyrien, **Babylonien** et **Mède**.
A Ninive, **Téglath-Phalasar**, **Salmanasar**, **Sennachérib**.
747 A Babylone, **Nabonassar**. — **Ere** de son nom.
En Médie, **Déjocès** fonde Ecbatane.

Egypte. Invasion des Ethiopiens en Egypte; leur expulsion — **Séthos**.

Grèce.
776 **Ere** des **Olympiades**. *Mesure certaine de la Grèce.*
744 Première guerre de **Messénie** : **Sparte** triomphe.

Rome.
753 Fondation de **Rome** par **Romulus**.
Numa Pompilius, deuxième roi.

7e siècle.

Hist. sacrée.
Judith sauve **Béthulie**, en tuant **Holopherne**, général de Nabuchodonosor Ier, roi d'Assyrie.
Prise de **Jérusalem** par **Nabuchodonosor II le Grand**, roi de Babylone.
600 **Captivité** de **Babylone** (*durée, 70 ans*).
Premier songe de Nabuchodonosor expliqué par **Daniel**.

Assyrie et Médie.
A Ninive, **Assar-Haddon**, **Nabuchodonosor Ier**, **Chiniladan** ou **Sarac**.
En Médie, **Cyaxare Ier**.
625 Prise et ruine de **Ninive** par **Nabopolassar**, *gouverneur de Babylone, qui fonde l'empire Babylonien ou dernier empire d'Assyrie*.
Nabuchodonosor II le Grand, roi de Babylone; *ses conquêtes*.

Egypte. **Douze rois.** **Psammétique.** **Néchao.**

Grèce.
681 Deuxième guerre de **Messénie**; **Sparte** triomphe. (*Troisième et dernière guerre de Messénie au 5e siècle.*)
Lois sévères de **Dracon** à **Athènes**.

Rome.
Tullus Hostilius, troisième roi. — Combat des **Horaces** et des **Curiaces**. — Destruction d'Albe-la-Longue.
Ancus Martius, quatrième roi.
Tarquin l'Ancien, cinquième roi.

6e siècle.

Histoire sacrée.
587 Destruction du royaume de **Juda** par **Nabuchodonosor II** le Grand, roi de Babylone (*durée, 395 ans; dernier roi*, **Sédécias**).
Les prophètes **Jérémie**, **Ezéchiel**, **Daniel**.
536 **Edit** de **Cyrus** et **fin de la captivité** de **Babylone**. Retour d'une partie des Juifs sous la conduite de **Zorobabel**. **Reconstruction du temple.**

Perse et Assyrie.
Conquêtes de **Cyrus**, fils de Cambyse, premier roi célèbre des Perses.
548 Défaite de **Crésus**, roi de Lydie, à la bataille de **Thymbrée**, et destruction de son royaume.
538 Prise de **Babylone** sur l'impie **Balthasar**, et *destruction de l'empire d'Assyrie, auquel succède celui des Perses*.
Réunion de la **Médie** à l'empire des Perses (*après la mort de* **Cyaxare II**).
525 **Cambyse**, *fils de Cyrus, s'empare de* **l'Egypte**.
Smerdis le Mage. les **sept conjurés**.

Egypte.
525 Destruction du premier royaume d'Egypte par **Cambyse** (*durée, 2,000 ans; dernier roi*, **Psamménit**).

Ch. **Confucius**, *législateur de la* **Chine**.

Grèce.
Les **Sept Sages de la Grèce**. — Lois de **Solon** à **Athènes**. — Tyrannie de **Pisistrate** et de ses fils. — **Pythagore**, philosophe. — **Esope**, fabuliste. — **Milon**, célèbre athlète.

Rome.
Servius Tullius, sixième roi.
Tarquin le Superbe, septième roi. — Expulsion des **Tarquins**.
509 **République romaine.** — **Consulat.** **Brutus.**
Horatius Coclès, Mucius Scévola, Clélie, s'illustrent contre **Porsenna**, roi des Etrusques.

Gaules.
600 Fondation de **Massilia** (*Marseille*) par les **Phocéens** (*Grecs*).
587 Emigrations gauloises : **Sigovèse** (*Germanie*). **Bellovèse** (*Italie septentrionale*).

5e siècle.

H. s.
Esther et **Assuérus**. — Retour du reste des Juifs sous la conduite d'**Esdras** et de **Néhémie**. Reconstruction des murs de Jérusalem.

Grèce et Perse.
500 **Guerres Médiques**, ou des Perses et des Mèdes contre la **Grèce** (*durée, 50 ans*).
Première guerre sous **Darius**, fils d'Hystaspe. Victoire des Athéniens à **Marathon** (490) (*Miltiade*).
Deuxième guerre sous **Xerxès**. Défense du défilé des **Thermopyles** (480) par **Léonidas** et 300 Spartiates. Victoire navale des Grecs à **Salamine** (480) (*Thémistocle*). — Victoire des Grecs à **Platée** (479) (*Pausanias, Aristide*). — Victoire navale des Grecs à **Mycale** (479).
Troisième guerre sous **Artaxerxès** Longue-Main. Victoires de l'Athénien **Cimon** en Asie.
449 Traité qui met fin aux guerres Médiques.
Périclès fait fleurir à **Athènes** les lettres et les arts, et donne son nom à son époque. — Siècle d'**Athènes**.
Eschyle, **Sophocle**, **Euripide**, **Pindare**, **Aristophane**, poètes.
Hérodote, **Thucydide**, **Xénophon**, historiens.
Socrate, philosophe.
Hippocrate, médecin.
Phidias, sculpteur; **Zeuxis**, **Parrhasius**, peintres, etc.
431 Guerre du **Péloponèse**, ou d'**Athènes** contre **Sparte**, qui finit par triompher (*durée, 27 ans*) (*Alcibiade*).
Défaite des Athéniens à **Ægos-Potamos** (405) par **Lysandre**.
404 Prise d'Athènes. — Les **Trente Tyrans** chassés par **Thrasybule**.
401 Bataille de **Cunaxa**, où **Cyrus** le Jeune est tué par son frère **Artaxerxès** Mnémon, roi de Perse, qu'il voulait détrôner.
401 Retraite des **Dix Mille** sous la conduite de **Xénophon**.

Rome.
Retraite du peuple au mont Sacré; tribuns du peuple. Exil de **Coriolan**.
477 Dévouement des 300 **Fabius**. — **Cincinnatus**, dictateur.
451 **Décemvirs.** — Lois des Douze Tables.

4e siècle.

H. s.
Gouvernement des **Grands-Prêtres**. Le grand-prêtre **Jaddus** devant Alexandre le Grand.

Grèce et Perse.
396 Conquêtes (*en Asie*) d'**Agésilas**, roi de **Sparte**.
387 Honteux traité d'**Antalcidas** (de **Sparte** avec la **Perse**).
Thèbes domine sur la Grèce par les victoires d'**Epaminondas** et de **Pélopidas**. — Bataille de **Leuctres** (371) et de **Mantinée** (363).
338 Asservissement de la **Grèce**, après sa défaite à **Chéronée**, par **Philippe**, roi de Macédoine.
Démosthènes, orateur d'Athènes; **Phocion**, général.
Platon (*Académie*), **Aristote** (*Lycée*), **Diogène**, **Zénon** (*Portique*), **Epicure**, philosophes.
Apelle, peintre; **Lysippe**, **Praxitèle**, sculpteurs, etc.
350 **Artémise**, reine de **Carie**, fait élever un tombeau à **Mausole**, son époux.

Macédoine et Perse.
Philippe, roi de **Macédoine**, soumet la **Grèce** à **Chéronée** (338).
334 Conquêtes d'**Alexandre** le Grand; victoires du **Granique** (334), d'**Issus** (333), d'**Arbelles** (331). — Prise de **Tyr**, fondation d'**Alexandrie**.
Destruction de l'empire des **Perses** (*dernier roi*, **Darius Codoman**). *A l'empire des Perses succède celui des Grecs ou d'Alexandre.* — Conquête de l'**Inde** sur **Porus** (327).
311 **Ere des Séleucides**, ou prise de **Babylone** par **Séleucus** Nicator.
307 Siège de **Rhodes** par **Démétrius** Poliorcète.
301 Bataille d'**Ipsus** et démembrement de l'empire d'Alexandre en quatre royaumes : **celui d'Egypte**, ou des Ptolémées; de **Syrie**, ou des Séleucides; de **Macédoine** et de **Thrace** (*Ce dernier est de courte durée; les autres sont détruits plus tard par les Romains.*)

Sicile. **Denys** l'Ancien, tyran de **Syracuse**.

Rome.
390 Prise de **Rome** par les **Gaulois** (*Camille, Manlius*). Bataille de l'**Allia**.
343 Guerre contre les **Samnites** (*durée, 61 ans*). **Fourches Caudines** (321) (*Caton*).

3e siècle.

H. s. Continuation du gouvernement des **Grands-Prêtres**.

Egypte.
Ptolémée Philadelphe fait fleurir les lettres à **Alexandrie**.
Version des **Septante**, ou traduction de la Bible d'hébreu en grec. — **Bibliothèque.** — **Phare** d'Alexandrie.

Grèce. **Ligue Achéenne**, ou réunion de plusieurs villes grecques pour défendre la liberté. **Aratus**, **Philopœmen**.

Rome.
Guerre contre **Pyrrhus**, roi d'Epire (*Fabricius*).
264 Première **Guerre Punique**, ou de Rome contre Carthage (*Régulus*). — *Résultat* : conquête de la Sicile par les **Romains**.
219 Deuxième **Guerre Punique** (*Fabius le Temporiseur*). — Défaite des Romains à **Cannes** (216) par **Annibal** (*Paul-Emile et Varron*).
202 Bataille de **Zama**, où **Scipion l'Africain** est vainqueur d'Annibal. — *Résultat* : conquête d'une partie de l'Espagne par les Romains.
212 **Marcellus**, consul, prend **Syracuse**, défendue par **Archimède**, géomètre illustre.

Syrie.
254 Fondation du royaume des **Parthes**, aux dépens de l'empire des Séleucides.
222 Règne d'**Antiochus III** le Grand.

Gaules.
Invasion des **Gaulois** en **Grèce**.
278 Ils pillent le **temple** de **Delphes**.
Fondation du royaume de **Galatie**, en Asie, par les Gaulois. (*Réduit en province romaine l'an 25 avant J.-C.*)

2e siècle.

Histoire sacrée.
Fin du gouvernement des **Grands-Prêtres**.
Châtiment d'**Héliodore** au temple de Jérusalem, sous le grand prêtre **Onias**.
Persécution d'**Antiochus Epiphane**, roi de Syrie, contre les Juifs. — Martyre du vieillard **Eléazar**, des sept **frères Machabées** et de leur mère.
Mathathias et ses cinq fils.
Victoires de **Judas Machabée**.
Commencement des rois **Asmonéens** descendants de Simon Machabée. **Jean Hyrcan**, **Aristobule**.

Grèce.
Derniers efforts de la **Ligue Achéenne** pour défendre sa liberté contre les Romains.
146 Prise de **Corinthe** et réduction de la **Grèce en** province romaine.

Rome.
Victoire des Romains à **Cynoscéphales** (197) sur le roi de Macédoine, et à **Magnésie** (190) sur le roi de Syrie.
168 Soumission de la **Macédoine** après la bataille de **Pydna** (*Paul-Emile*).
146 Soumission de la **Grèce** après la prise de **Corinthe**.
149 Troisième **Guerre Punique**, où **Scipion Emilien** (*second Africain*) est vainqueur d'**Asdrubal**. — *Résultat* : destruction de Carthage.
Caton le Censeur.
Guerre contre l'**Espagne**, prise de **Numance** (133) par **Scipion Emilien**.
133 Troubles civils à Rome, excités par les **Gracques**.
Premières conquêtes des **Romains** dans les **Gaules**; ils y fondent **Aix** et **Narbonne**.
Invasion des Cimbres et des Teutons.
102 Défaite des Teutons à **Aix** | par **Marius**.
101 Défaite des Cimbres à **Verceil** | par **Marius**.
112 Guerre contre **Jugurtha**, roi de Numidie.
Plaute, **Térence**, poètes latins.

1er siècle.

H. s.
Derniers rois **Asmonéens**.
40 Soumission de la **Judée** par les **Romains**, qui y établissent pour roi **Hérode** le Grand.

Rome.
88 Guerre civile entre **Marius** et **Sylla**; leurs proscriptions. Guerre d'**Espagne** ou de **Sertorius** (82). Guerre de **Spartacus** ou des **Gladiateurs** (73).
64 Soumission de **Mithridate**, roi de Pont.
64 Destruction du royaume des **Séleucides** par **Pompée**.
63 Conjuration de **Catilina**, déjouée par **Cicéron**, consul et orateur illustre.
60 Premier **Triumvirat**, formé par **César**, **Pompée** et **Crassus**.
58 Conquête des **Gaules** et de la **Grande-Bretagne** par **César**.
53 Défaite et mort de **Crassus** dans la guerre contre les **Parthes**.
50 Guerre civile entre **Pompée** et **César**, qui passe le **Rubicon** (49).
48 Bataille de **Pharsale**. — **Pompée** est assassiné en Egypte. Victoires de César sur les partisans de **Pompée**, en **Afrique**, en **Asie**, en **Espagne**.
46 Mort de **Caton** d'Utique.
44 Meurtre de **César** par **Brutus** et ses complices.
43 Second **Triumvirat**, formé par **Octave**, **Antoine** et **Lépidus**. — Proscriptions.
42 Bataille de **Philippes**, défaite de **Brutus** et de **Cassius**.
34 Guerre civile entre **Octave** et **Antoine**.
31 Bataille d'**Actium**, défaite d'**Antoine** et de **Cléopâtre**.
30 Soumission de l'**Egypte** et mort de **Cléopâtre**.
29 **Empire romain.** **Octave**, empereur, prend le nom d'**Auguste**, rend la paix au monde. Aidé de **Mécène** et d'**Agrippa**, il fait fleurir les lettres et les arts, et donne son nom à son époque.
Virgile, **Horace**, **Ovide**, poètes latins. — **Phèdre**, fabuliste. — **Salluste**, **Tite-Live**, historiens, etc., etc.

Egypte.
30 Destruction du nouveau royaume d'**Egypte** et fin de la dynastie des **Ptolémées**, à la mort de **Cléopâtre**.

Gaules.
58-50 Conquête des **Gaules** par **César**, en huit campagnes, malgré les efforts de l'Arverne **Vercingétorix**.

www.ingramcontent.com/pod-product-compliance
Lightning Source LLC
LaVergne TN
LVHW052034160826
845678LV00003B/1331

* 9 7 8 2 3 2 9 6 3 2 3 3 9 *